Mezclas y soluciones

Hugh Westrup

Asesor

Trent Nash, M.S.E.
Ingeniero aeroespacial

Créditos de publicación

Rachelle Cracchiolo, M.S.Ed., *Editora comercial*
Conni Medina, M.A.Ed., *Gerente editorial*
Diana Kenney, M.A.Ed., NBCT, *Editora principal*
Dona Herweck Rice, *Realizadora de la serie*
Robin Erickson, *Diseñadora de multimedia*
Timothy Bradley, *Ilustrador*

Créditos de las imágenes: pág.4 Mike Clarke/
iStock; pág.6 (izquierda) Dirk Wiersma/Science Source,
(derecha) iStock; pág.7 (fondo, izquierda inferior) iStock;
pág.9 GIPhotoStock/Science Source; pág.10 (recuadro)
iStock; pág.13. (superior, derecha inferior) iStock; pág.16
Photo Researchers; pág.18 Phil Degginger/Science
Source pág.20 Martyn F. Chillmaid/Science Source;
pág.22 Richard Hutchings/Science Source; pág.23
Phil Degginger/Science Source; págs.24-25 Charles D.
Winters/Science Source; pág. 25 Charles D. Winters/
Science Source; págs.28-29 (ilustraciones) Timothy
Bradley; las demás imágenes cortesía de Shutterstock.

Teacher Created Materials

5301 Oceanus Drive
Huntington Beach, CA 92649-1030
http://www.tcmpub.com

ISBN 978-1-4258-4715-9

Contenido

Trocitos pequeñitos

¿Cuál es la cosa más pequeña en la que puedes pensar? Ahora, imagina que tomas un martillo y la aplastas. ¿De qué están hechas las piezas más pequeñas?

Toda materia, ya sea más pequeña que un grano de arena o tan grande como una ballena, se compone de pedacitos llamados **átomos**. Los átomos son demasiado pequeños para verlos con el ojo humano, y hasta con la mayoría de los microscopios. Los átomos se combinan para crear **moléculas**. Las moléculas se combinan para crear todo lo que vemos en el universo.

El agua sin minerales se denomina *agua destilada*. A la mayoría de las personas no les gusta su sabor porque estamos acostumbrados al sabor de los minerales.

Esta máquina tritura las rocas y las convierte en trocitos pequeñitos.

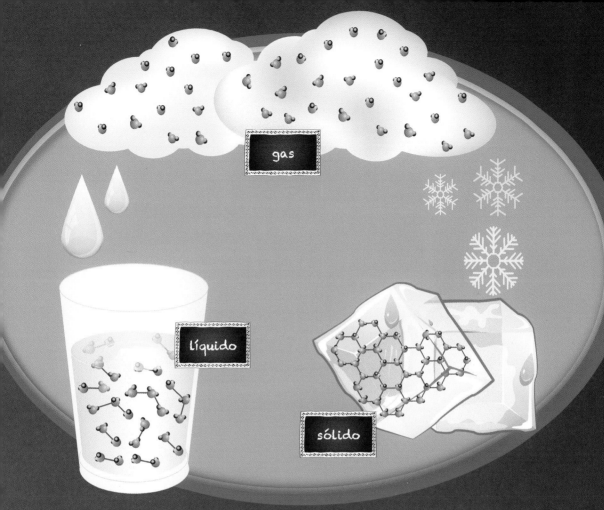

gas

líquido

sólido

Las moléculas y los átomos pueden tener la forma de un sólido, un líquido o un gas. Todos los estados de la materia tienen sus propiedades. Los sólidos pueden ser duros o blandos. El plástico, el metal, la roca, los huesos, la paja, la arena y las plumas son todos sólidos. Los objetos en estado sólido no cambian de tamaño ni de forma a menos que se corten o se rompan.

A diferencia de los sólidos, los líquidos cambian de forma. Pueden fluir, verterse e incluso derramarse. Cambian de forma para llenar el espacio a su alrededor. La leche, el aceite y la tinta son todos líquidos.

Los gases no tienen forma ni tamaño. Se esparcen libremente para llenar el espacio a su alrededor. Al igual que los líquidos, los gases fluyen fácilmente. Pero también se pueden **comprimir**, o apretar. Por lo general, los gases son invisibles. Por eso, la mayor parte del tiempo no podemos verlos. Pero los gases están a nuestro alrededor.

En conjunto, estos tres estados de la materia conforman casi todo en el universo.

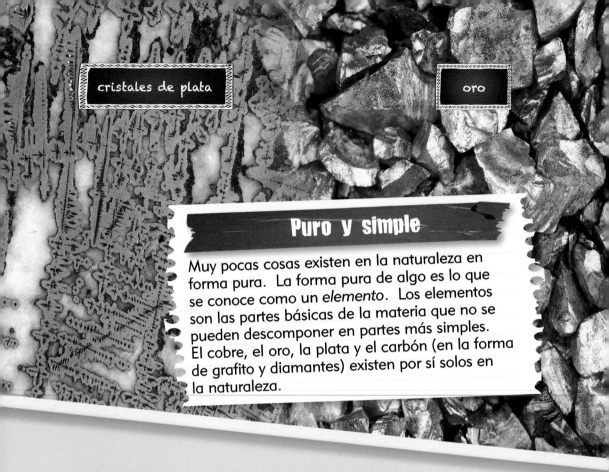

cristales de plata

oro

Puro y simple

Muy pocas cosas existen en la naturaleza en forma pura. La forma pura de algo es lo que se conoce como un *elemento*. Los elementos son las partes básicas de la materia que no se pueden descomponer en partes más simples. El cobre, el oro, la plata y el carbón (en la forma de grafito y diamantes) existen por sí solos en la naturaleza.

Todo mezclado

El mundo sería muy aburrido si cada **sustancia** pudiera encontrarse por sí sola. Pero las sustancias se combinan para formar **mezclas**. Hay mezclas en todas partes del mundo: millones de mezclas. El aire es una mezcla de gases. Las rocas son una mezcla de minerales. Los océanos y los lagos son mezclas de gases, minerales y agua.

La mayoría de las cosas que comemos son mezclas. Piensa en una ensalada. La ensalada es una mezcla. Los tomates son tomates. La lechuga es lechuga. Y las zanahorias son zanahorias. Pero en conjunto, constituyen una nutritiva y sabrosa mezcla. La amplia variedad de mezclas que hay en nuestra comida es lo que posibilita tantos sabores diferentes. Y si una comida no era una mezcla cuando entró por la boca, ¡lo será cuando salga del estómago!

carbono

El humo, la sangre y el agua son mezclas.

El agua es una mezcla de agua pura y minerales.

El humo es una mezcla de partículas químicas en el aire.

La sangre es una mezcla de plasma, glóbulos rojos, glóbulos blancos y plaquetas.

Las diferentes partes de una mezcla se combinan con libertad. Eso permite separar unas de otras. Puedes elegir los diferentes ingredientes de una ensalada con un tenedor. Otras mezclas requieren herramientas más precisas para su separación. Tal vez necesites un imán o un filtro de papel para hacer ese trabajo. Pero cuando separas una mezcla, puedes encontrar las sustancias originales con las que empezaste.

Las mezclas se pueden ordenar en dos categorías, salvo algunas excepciones. Las **mezclas heterogéneas** están compuestas por sustancias que puedes ver. La sopa de verduras es una mezcla heterogénea. También lo es la mezcla de nueces y frutas secas.

Las sustancias de las **mezclas homogéneas** se han mezclado cuidadosamente y se distribuyen en forma pareja. Si examinas una porción de mezcla, se verá como cualquier otra porción de mezcla, sin importar el tamaño de la porción. La leche es una mezcla homogénea. Contiene proteína, azúcar, agua y grasa, pero estas sustancias no se pueden separar o saborear de manera individual. Sin importar cómo la viertas, cada vaso de leche se ve exactamente igual.

¿Recuerdas la diferencia entre heterogéneo y homogéneo? Observa las palabras raíz. Hetero significa "diferente" y homo significa "igual".

Batidos

Un batido es una mezcla heterogénea. Las frutas o las verduras, el agua y el jugo pueden separarse con el paso del tiempo.

Mezclas heterogéneas

Las **suspensiones** son uno de los tipos más comunes de mezclas heterogéneas. Una parte de una suspensión siempre es un líquido. La otra parte puede ser sólida o líquida. Una sustancia siempre baja a la parte inferior del contenedor. Las suspensiones cambian o se separan con el paso del tiempo.

La mayoría de los aderezos para ensalada son suspensiones. Usualmente incluyen aceite y vinagre, que no se mezclan. Por eso las etiquetas de los aderezos dicen "Agitar bien antes de usar". Los medicamentos líquidos suelen incluir las mismas instrucciones.

Las pinturas también son suspensiones. Contienen un pigmento, o color, sólido y un líquido. Si se deja una lata de pintura mucho tiempo en el estante, el pigmento baja a la parte inferior de la lata. Antes de vender la lata de pintura, se coloca en una máquina que la agita. Este movimiento mezcla la pintura para que el pigmento y el líquido vuelvan a combinarse completamente. Si no mezclas bien una suspensión, notarás los resultados rápidamente.

Una clara señal

Las suspensiones nunca son completamente claras. Por lo general son turbias. Después de un tiempo, las suspensiones tendrán una línea clara a partir de la cual las sustancias se separan.

gis y agua

suspensión inmediatamente después de ser mezclada

suspensión después de reposar

Mezclas homogéneas

Es fácil crear una mezcla homogénea. Solo coloca una cucharada de sal en un vaso con agua y mezcla. Observa cómo la sal desaparece en el agua. El resultado es otro tipo de mezcla: una **solución**. Una solución es una mezcla homogénea en la que las partes separadas no pueden verse sin un microscopio.

Una solución tiene dos partes. La primera parte es el **soluto**. El soluto es la parte que se disuelve. En el agua salada, la sal sería el soluto. La otra parte es el **solvente**. Es la parte que produce la disolución. En el agua salada, el agua sería el solvente. No puedes ver el soluto en una solución, y por eso no puedes ver la sal en el agua salada.

átomos en un cristal de sal

Tipos de soluciones

Una solución puede tomar varias formas.

Líquido disuelto en líquido

El vinagre es ácido acético disuelto en agua.

Gases disueltos en gases

El aire que respiramos es oxígeno y dióxido de carbono disuelto en nitrógeno.

Sólidos disueltos en sólidos

El acero es carbono disuelto en hierro.

sal

Las soluciones pueden estar compuestas por sólidos, líquidos o gases. Puedes disolver sólidos en líquidos. También puedes disolver líquidos y gases en líquidos. Las bebidas gaseosas son gas de dióxido de carbono disuelto en agua con saborizante líquido. (Las burbujas que ves son, de hecho, el dióxido de carbono que sale de la solución. ¡Quién diría que una solución podía saber tan rica!). Usualmente, los gases se disuelven en gases. Un sólido puede disolverse hasta en un sólido.

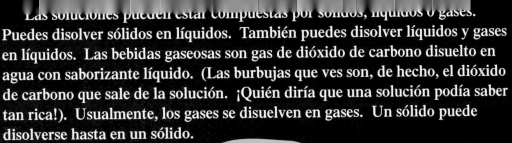

Observa la etiqueta en tu leche. Probablemente diga leche homogeneizada. La mayoría de las leches son homogeneizadas para impedir que la grasa que contiene se separe.

átomos de sal y agua combinándose

agua salada

Coloides

En un **coloide**, las pequeñas partículas se esparcen de manera uniforme en toda la sustancia. De cierta manera, un coloide es un tipo de solución. Parece homogéneo. Pero de otra manera, el coloide es como una mezcla heterogénea.

Si alumbras la solución, la luz la atravesará en forma de una delgada línea. Pero esa misma luz se esparcirá cuando alumbre el coloide. Eso se debe a que las partículas en el coloide son más grandes que las de la solución. Son lo suficientemente grandes como para bloquear la luz.

Sin embargo, las partículas de un coloide son más livianas y pequeñas que las de una suspensión. En un coloide, una parte no desciende a la parte inferior del recipiente como sucede con las suspensiones. Permanece suspendida y esparcida por toda la mezcla.

Las células de tu cuerpo están llenas de coloides.

aderezo para ensaladas

Las partículas en una suspensión tienen menos de 500 nm de ancho.

Pequeñísimas partículas

Las mezclas se clasifican según el tamaño de sus partículas. Claro, tal vez digas que todas las partículas son pequeñas. Se miden en nanómetros (nm), ¡y eso es pequeño! (Una hoja de papel tiene 100,000 nm de espesor). Pero en esta escala, las pequeñas diferencias en tamaño son importantes.

té helado

Las partículas en una solución tienen menos de 2 nm de ancho.

gelatina

Las partículas en un coloide tienen entre 2 y 500 nm de ancho.

Las partículas de un coloide son difíciles de ver, pero allí están. Pueden ser gotas, burbujas de gas o partículas sólidas. Los coloides tienen muchas formas. La niebla es un coloide. Es una mezcla de diminutas partículas de agua flotando de manera uniforme en el aire. El humo también es un coloide. Está compuesto por partículas sólidas de hollín, ceniza y alquitrán esparcidas en el aire. Pueden sonar exóticos, pero los coloides se encuentran en la mayoría de los hogares. Muchos productos que conocemos y que nos gustan son coloides. La jalea, la mayonesa y los malvaviscos son coloides. La tinta, la pasta de dientes, la espuma de afeitar y la crema para manos también son coloides.

Una solución, NO un problema

Crear una solución no es solo la vía para resolver un problema. También es una parte importante de la química.

Solución acuosa

¿Alguna vez has derramado algo como salsa o helado de chocolate sobre tu ropa? Tal vez remojaste la prenda con agua para disolver la mancha para que no la absorbiera la tela. El agua es lo que los científicos llaman *solvente universal*. Puede usarse para disolver muchas cosas.

El término *solvente universal* se remonta a hace más de 500 años, durante la Edad Media. En esa época, las personas practicaban la alquimia, una mezcla de ciencia, magia y mitología. Los alquimistas medievales querían encontrar una sustancia que lo disolviera todo: un solvente universal. En realidad, el agua no puede disolverlo todo. Pero disuelve más sustancias que cualquier otro solvente. Con el paso de los siglos, el nombre ha demostrado ser el adecuado.

¿Por qué es el agua tan buen solvente? Porque tiene **polaridad**. Cada molécula de agua tiene un área negativa y un área positiva. Mezcla una cucharada de azúcar en un vaso con agua. Cada molécula de azúcar tiene un área positiva y un área negativa. El área negativa de cada molécula de agua es atraída al área positiva de cada molécula de azúcar. Y el área positiva de cada molécula de agua es atraída al área negativa de cada molécula de azúcar. Esas atracciones retienen las moléculas de azúcar entre las moléculas de agua. El resultado es una solución. Y debido a que la mayoría de los solutos son polares, el agua puede disolverlos.

agua azucarada

azúcar

Una verdad pegajosa

El aceite es no polar y solo disuelve otras moléculas no polares. Y solo los elementos no polares pueden disolverlo. Significa que si te ensucias la ropa con aceite, no puedes usar agua para eliminar la mancha. El alcohol medicinal o el detergente para vajilla funcionan mejor.

derrame de petróleo

Solubilidad

No todas las sustancias pueden disolver otras sustancias. La sal se puede disolver en agua. Pero no se puede disolver en aceite para cocinar. En otras palabras, la sal es **soluble** en agua pero es insoluble en aceite para cocinar. El azúcar también es soluble en agua e insoluble en aceite para cocinar.

Aunque la sal es soluble en agua, solo una cierta cantidad se disolverá. Una vez superada esa cantidad, toda la sal que quede descenderá a la parte inferior. La cantidad máxima de soluto que se puede disolver en un solvente es la **solubilidad**. A temperatura ambiente, la máxima cantidad de sal que se puede disolver en 100 mililitros (ml) de agua es 36 gramos (g). Por eso se dice que su solubilidad es de 36 g/100 ml. Puedes disolver 180 g de azúcar en 100 ml de agua, así que su solubilidad es más alta.

Concentración

Observa la etiqueta de una botella de vinagre. Notarás que tiene impresa un porcentaje. Puede ser 5, 6 o 7 %. Ese porcentaje es la concentración del vinagre. La concentración indica la cantidad de soluto en una solución. El vinagre es una solución de ácido acético (soluto) en agua (solvente). Un 5 % de solución de vinagre contiene un 5 % de ácido acético y un 95 % de agua.

Ver el dorso

ACIDEZ 5 %

La solubilidad puede cambiar. Por lo general, el calor aumenta la solubilidad. Puedes disolver más azúcar o sal en agua caliente que en agua fría. Esto se debe a que las moléculas en el agua caliente se mueven más rápido y a más distancia que las moléculas en agua fría. El soluto tiene más espacio para expandirse, y así puede disolverse más cantidad. Para la mayoría de los gases, el caso es el opuesto. Los gases tienden a ser más solubles en agua fría que en agua caliente.

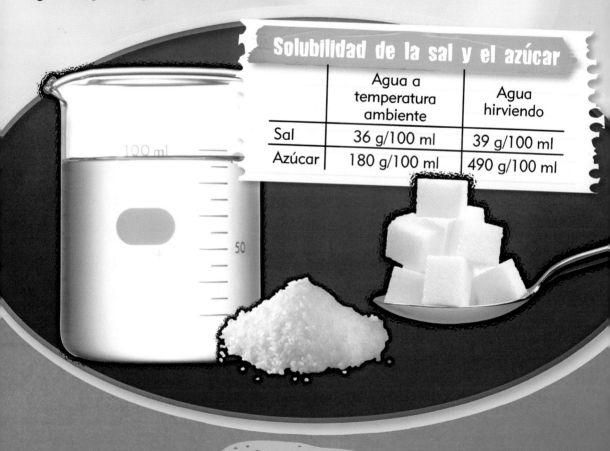

Solubilidad de la sal y el azúcar

	Agua a temperatura ambiente	Agua hirviendo
Sal	36 g/100 ml	39 g/100 ml
Azúcar	180 g/100 ml	490 g/100 ml

Haz tu propia solución hecha en casa. Agrega una taza de agua, $\frac{1}{3}$ de vaso de detergente para vajilla y $\frac{1}{6}$ de taza de azúcar para hacer burbujas.

Los solutos pueden tener fuertes efectos en los solventes. Puedes ver este efecto en el agua. El agua destilada es pura. A diferencia del agua del grifo, no contiene ningún mineral disuelto. El agua destilada no conduce la electricidad. Pero si disuelves sal de mesa y otros minerales en ella, se convierte en una gran conductora. Por eso siempre debes secarte las manos antes de manipular dispositivos eléctricos. Y no deberías operar dispositivos eléctricos cerca de lavabos o tinas.

Los solutos también pueden cambiar el punto de ebullición de un solvente. El agua destilada hierve a 100 °C (212 °F). Pero si le agregas sal, harás que hierva a una temperatura más alta. Mientras más sal le agregas al agua, más alto es el punto de ebullición.

Más o menos

Los químicos usan diferentes términos para describir las soluciones, según la cantidad de soluto que contengan.

Una solución diluida contiene poca cantidad de soluto.

Una solución concentrada contiene mucha cantidad de soluto.

Una solución saturada contiene la máxima cantidad de soluto.

Dejar espacio para los cambios

Cuando el solvente está solo, sus moléculas pueden hervir, congelarse y evaporarse normalmente. Pero cuando se le agrega un soluto, las moléculas del soluto interfieren con el solvente. Las diferentes moléculas están ocupadas estorbándose. Eso es lo que provoca los cambios en los procesos de ebullición, congelamiento y evaporación.

Cuando un líquido está por debajo del punto de congelamiento pero todavía no está congelado, se denomina líquido súper enfriado.

Del mismo modo, los solutos pueden bajar el punto de congelamiento de un solvente. El agua destilada se congela a 0 °C (32 °F). Si agregas sal al agua, bajarás su punto de congelamiento. A las calles de zonas frías se les agrega sal durante el invierno para que el agua se congele a temperaturas más bajas.

Finalmente, un soluto puede cambiar la rapidez a la que algo se evapora. La evaporación se produce cuando un líquido se convierte en gas. Coloca un plato con agua pura y un plato con agua salada en el alféizar de la ventana. El agua pura se evaporará más rápidamente que el agua salada.

El proceso inverso

Una mezcla es una sustancia que se produce a partir de un **cambio físico**. Un cambio físico es un cambio que no produce una nueva sustancia. Por ejemplo, si doblas una hoja de papel por la mitad, la hoja sigue siendo de papel, solo se ve diferente.

cambio físico

cambio químico

EK-200i

92.95 g

EK-200i

92.95 g

Conservación de la masa

Ya sea que se trate de una suspensión, una solución o un coloide, los tipos de átomos en la mezcla siguen siendo los mismos de principio a fin. El número de átomos tampoco cambia. Significa que la **masa** de la mezcla equivale a la masa combinada de la sustancia original.

No es lo mismo que un cambio químico. Un cambio químico se produce cuando los átomos o las moléculas de diferentes sustancias reaccionan unas con otras. Se unen para formar nuevas moléculas. Se crea una nueva sustancia. Si quemas una hoja de papel, ya no tendrás papel. En cambio, tendrás ceniza, humo y vapor de agua. A diferencia de los cambios físicos, los cambios químicos no se pueden revertir ni deshacer.

Normalmente, hay signos de que un cambio químico se está produciendo. Si ves que hay espuma, burbujas, humo o fuego, entonces es probable que estés observando un cambio químico. Pero si solo estás haciendo una mezcla, no verás nada de eso. No verás humo si mezclas jarabe de chocolate con leche. Pero recuerda, ¡no es seguro hacer mezclas con todas las cosas! Siempre pregunta a un adulto antes de hacer mezclas.

cambio químico

¿Compuestos complejos?

Con frecuencia, las personas confunden las mezclas con los **compuestos**. Pero son muy diferentes. Cuando se crea una mezcla, las distintas partes se mezclan pero siguen existiendo separadas unas de otras. Cuando se crea un compuesto, las partes se combinan para formar algo nuevo.

Mezcla

- cambio físico que se usa para crear mezclas y separarlas en sustancias
- la combinación de las partes puede variar
- las propiedades están relacionadas con los componentes
- algunos ejemplos incluyen las rocas, la leche, el agua de grifo y el aire

Compuesto

- cambio químico que se usa para crear compuestos y separarlos en elementos
- la combinación de las partes no varía
- las propiedades son diferentes de los componentes
- algunos ejemplos incluyen la sal, el bicarbonato de sodio, el agua pura y el azúcar

21

Todas las mezclas se pueden separar. Los componentes serán los mismos que eran cuando se hizo la mezcla. Hay varias maneras de separar una mezcla.

Imagina que tienes una mezcla de virutas de hierro y arena. Los imanes pueden separar ambas sustancias. Si pasas un imán por la mezcla, atraerá las virutas de hierro y los extraerá de la arena.

Cribar es la manera más simple de separar dos sólidos. Solo las partículas pequeñas atravesarán la malla metálica del tamiz. Las partículas más grandes quedarán atrapadas en la parte superior.

La filtración puede separar una mezcla entre un sólido y un líquido. Un filtro es un papel o tela con orificios muy pequeños. Si se vierte en un filtro una mezcla entre un sólido y un líquido, el líquido atravesará los orificios. Pero las partículas sólidas quedarán atrapadas. Puedes intentarlo colocando lodo sobre una tela. La tela hará la función de filtro y permitirá que pase el agua. Las partículas sólidas permanecerán en la parte superior.

Atracción magnética

Algunos cereales para el desayuno contienen pequeñas cantidades de hierro, un nutriente esencial para los seres humanos. El cuerpo necesita hierro para llevar el oxígeno al torrente sanguíneo. Intenta aplastar un cereal que contenga hierro. Luego, pasa un poderoso imán por las migas. El imán atraerá los trocitos de hierro.

La gravedad también puede separar mezclas. Por ejemplo, con el paso del tiempo, la gravedad hará que la sal se asiente.

¡Todos agitados!

La agitación es otra manera de separar algunas mezclas. Has visto la agitación en funcionamiento cuando agitas un refresco. Agitar la lata hace que el dióxido de carbono disuelto se eleve de repente en la solución. El gas del dióxido de carbono obliga a que el refresco salga de la lata.

La evaporación es otra manera de separar los sólidos y los líquidos de una mezcla. Si tomas una solución de azúcar y agua y la dejas en un recipiente abierto, el agua se evaporará en el aire. El azúcar quedará en el contenedor.

La condensación es lo opuesto a la evaporación. La condensación es el cambio que se produce cuando un gas se convierte en líquido. También ayuda a separar las mezclas. La condensación convierte el vapor de agua en líquido y la separa del aire.

Los científicos usan la evaporación y la condensación en el proceso de la destilación. Primero, se vierte una solución sólido-líquida en un vaso de precipitado a alta temperatura. Cuando la solución hierve, el líquido se evapora y el sólido queda en el vaso de precipitado. Luego, el gas asciende hacia un largo tubo de vidrio. Allí, se enfría y vuelve a condensarse en un líquido, que es recolectado en el extremo del tubo.

La cromatografía vista de cerca

¿Cómo funciona la cromatografía? Depende del hecho de que las diferentes partes de una mezcla se separan a distintas velocidades. Los científicos usan la cromatografía para probar muestras de agua en busca de contaminación, detectar pesticidas en los alimentos e identificar medicamentos.

Primero, se coloca una muestra de la mezcla en el centro de una tira de papel de filtro.

Luego, uno de los extremos del papel es sumergido en agua. El agua empapa el papel y asciende.

También se puede destilar una solución con dos líquidos. A medida que la solución se calienta, el líquido en el punto de ebullición más bajo se convertirá en gas primero. El condensador recolectará ese gas y lo enfriará en forma de líquido. El otro líquido queda en el vaso. El proceso de destilación separa las sustancias individuales y produce una sustancia pura. Por ejemplo, el agua salada se puede destilar y el resultado es agua potable.

La cromatografía es otra manera de separar mezclas. Es también una de las más útiles. Es rápida y sencilla. Puede ayudarte a encontrar diminutas cantidades de una sustancia en una mezcla. También te ayuda a examinar mezclas con muchos ingredientes.

destilación

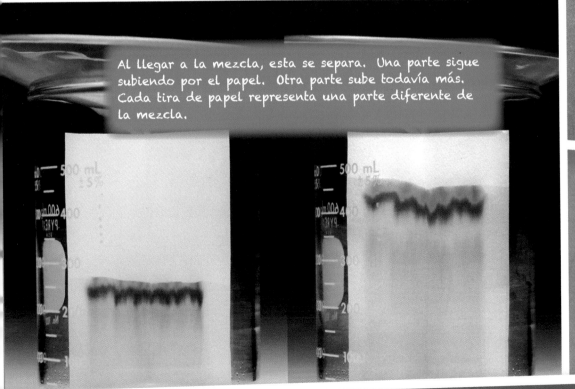

Al llegar a la mezcla, esta se separa. Una parte sigue subiendo por el papel. Otra parte sube todavía más. Cada tira de papel representa una parte diferente de la mezcla.

La vida en un mundo mezclado

    ¿Por qué son tan buenos los científicos para resolver problemas? ¡Porque tienen todas las soluciones! ¿Entendiste? Saber cómo funcionan las mezclas y las soluciones nos facilita la vida. ¿Derramaste algo? ¡Usa un poco de agua para disolverlo! ¿Quieres saber de qué está hecho un refresco? Deja que se evapore y observa lo que te queda. Puedes mezclar, igualar y separar las mezclas todo el día. Y siempre puedes revertir todo lo que hayas creado. ¡Eso es lo atractivo de las mezclas!

    Las mezclas y soluciones también hacen la vida más placentera. La pizza, la avena, las galletas de pasas, los batidos y las limonadas son solo algunas de las mezclas que las personas disfrutan a diario.

    Observa las mezclas que nos rodean en este mundo mezclado. Intenta identificar mezclas heterogéneas, mezclas homogéneas y coloides. Luego, intenta crear la tuya. ¿Qué combinación es tu favorita? Registra los resultados para ver si notas algún patrón. Una vez que empieces, ¡ya no podrás parar!

Mezcla de nueces y frutas secas: prueba y error

¿Cuál es la mejor combinación para la mezcla de nueces y frutas secas? Tú decides. Combina los ingredientes, prueba un poco y califícalo. ¡Luego, separa los ingredientes y vuelve a mezclarlos para hacer una creación nueva!

Piensa como un científico

¿Qué sustancias son solubles? ¡Experimenta y averígualo!

Qué conseguir

➤ agua fría y agua caliente

➤ cronómetro

➤ cucharita

➤ sustancias para disolver, como azúcar, pimienta, arena y polvo para chocolate caliente

➤ vasos transparentes

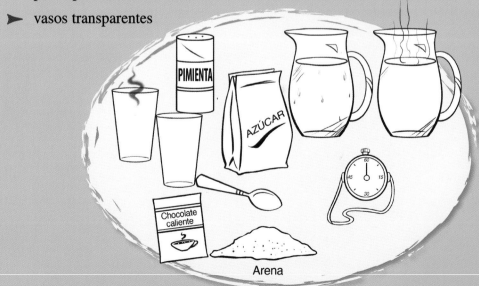

PIMIENTA

AZÚCAR

Chocolate caliente

Arena

Qué hacer

1 Llena un vaso con agua caliente y un vaso con agua fría. Agrega una cucharadita de azúcar a cada vaso y mezcla.

2 Usa un cronómetro para llevar el registro del tiempo. Mezcla el agua con cuidado durante 10 segundos. En una tabla como la siguiente, registra cómo se ven las mezclas. Después de 60 segundos, vuelve a registrar los resultados.

3 Repite nuevamente el experimento con agua nueva usando solutos diferentes como pimienta, arena y chocolate caliente. Asegúrate de enjuagar los vasos cada vez que los uses.

	Agua caliente	Agua fría
Azúcar después de revolver por 40 segundos		
Azúcar 60 segundos después		

Glosario

...mos: las partículas más pequeñas de una sustancia que pueden existir por sí mismas

...bio físico: un cambio que no produce una nueva sustancia

...bio químico: un cambio que produce una nueva sustancia

...ide: una sustancia muy finamente dividida que se esparce en otra sustancia

...primir: apretar

...puestos: sustancias constituidas por dos o más tipos de átomos enlazados

...a: la cantidad de materia que contiene un objeto

...clas: dos o más componentes combinados pero que conservan sus propiedades

...clas heterogéneas: mezclas en as que las partes no se mezclan de manera uniforme o por completo

...clas homogéneas: mezclas en as que las partes se mezclan de manera uniforme o por completo

moléculas: la cantidad más pequeña posible de una sustancia determinada que tiene todas las características de esa sustancia

polaridad: la condición de poseer cargas positivas y negativas y, especialmente, polos magnéticos o eléctricos

solubilidad: la medida de cuánto soluto se puede disolver en un solvente específico

soluble: capaz de ser disuelto

solución: un líquido en el que algo ha sido disuelto

soluto: una sustancia disuelta en otra sustancia

solvente: una sustancia en la que algo puede ser disuelto

suspensiones: sustancias (usualmente líquidas) con piezas muy pequeñas de un material sólido mezclado en toda la sustancia

sustancia: un material de un tipo en particular

Índice

¡TU TURNO!

Comida para la mente

¡Celebra las mezclas que te rodean con una fiesta! Reúne algunos amigos y cocinen una solución y un coloide para disfrutar. No olvides hacer una mezcla heterogénea (¿qué tal una pizza?) y una suspensión (aderezo para ensalada?). Observa las diferencias de cada elemento. Observa las semejanzas. Habla de las mezclas con tus amigos. ¡En esta fiesta hay lo suficiente para que todos disfruten!